Camille Saint-Saëns

Problèmes et Mystères

essai

Le code de la propriété intellectuelle du 1er juillet 1992 interdit en effet expressément la photocopie à usage collectif sans autorisation des ayants droit. Or, cette pratique s'est généralisée dans les établissements d'enseignement supérieur, provoquant une baisse brutale des achats de livres et de revues, au point que la possibilité même pour les auteurs de créer des oeuvres nouvelles et de les faire éditer correctement est aujourd'hui menacée. En application de la loi du 11 mars 1957, il est interdit de reproduire intégralement ou partiellement le présent ouvrage, sur quelque support que ce soir, sans autorisation de l'Editeur ou du Centre Français d'Exploitation du Droit de Copie , 20, rue Grands Augustins, 75006 Paris.

ISBN : 978-1530282142

10 9 8 7 6 5 4 3 2 1

Camille Saint-Saëns

Problèmes et Mystères

essai

Table de Matières

À MONSIEUR

Louis GALLET

PROLOGUE

LE MÉTRONOME ET L'ESPACE CÉLESTE

Tout le monde connaît le métronome, cet instrument d'une si grande utilité pour les musiciens, auquel on accorde généralement une confiance absolue qu'il ne mérite en aucune façon. L'instrument en lui-même est excellent, mais sa fabrication, qui n'est soumise à aucun contrôle, laisse souvent à désirer.

Pour qu'un métronome soit bon, il faut :

1° Que le nombre 60 de son échelle soit isochrone avec la seconde de temps ;

2° Que les divisions de l'échelle soient mathématiquement déterminées.

Les instruments usités ne répondent pas toujours parfaitement à ce programme. Ils fonctionnent bien et durent longtemps : le public ne leur en demande pas davantage. L'artiste, désireux de fixer le mouvement d'un morceau, a le droit d'être plus exigeant. S'il est des compositeurs qui secontentent d'indications vagues et se confient presque en tout au sentiment de l'exécutant, il en est d'autres qui attachent au secours du métronome une grande importance ; ces derniers ont un besoin absolu d'instruments précis.

Cette question me préoccupait depuis longtemps. Pourquoi, me disais-je, ne ferait-on pas pour les instruments destinés à mesurer le temps ce qui se fait pour ceux qui mesurent l'espace et la pesanteur ? La fabrication des mètres, des litres et des poids n'est pas livrée à l'arbitraire ; il n'est permis de les vendre que dûment vérifiés et poinçonnés. Pourquoi n'en serait-il pas de même des métronomes, ou tout au moins d'une classe à part d'instruments de choix, dont les artistes pourraient, dès lors, se servir en toute confiance ?

Pénétré de cette idée, j'en fis le sujet d'une note que je soumis à l'Académie des sciences, où sa lecture fut écoutée avec beaucoup de bienveillance et de courtoisie. Je m'attachai à démontrer aux membres de l'Académie que la détermination du « mouvement », tout à fait négligée dans l'ancienne musique, tendait à prendre dans l'art moderne une importance de plus en plus grande ; qu'à notre époque, une petite fraction de seconde, ajoutée ou retranchée à la durée de la mesure, pouvait dénaturer le caractère d'un morceau, même dans les mouvements lents où chaque mesure dure plusieurs secondes ; je leur citai l'exemple frappant des œuvres de Robert Schumann, réglées à l'aide d'un instrument défectueux et inexécutables quand on suit les indications du métronome écrites par l'auteur.

Quelque temps après, l'illustre Hirn s'empara de la question ; dans un mémoire imprimé, il s'éleva contre mes conclusions. Il démontra, par des raisons scientifiques en dehors de mes connaissances, que le *double pendule* actionné par un mouvement d'horlogerie, autrement dit le *métronome de Maelzel*, était un instrument parfait, et qu'il était inutile d'en chercher un autre ; je n'avais jamais dit le contraire. Il convenait que, dans la pratique, sa précision laissait à désirer, mais il ajoutait que cette précision était bien suffisante pour les besoins de l'art musical. Distrait de ces idées par mes travaux habituels, je ne répondis pas au mémoire de Hirn et laissai dormir la question, me réservant de la réveiller si l'occasion se présentait.

Depuis lors, Hirn publia son beau livre sur l'*Espace céleste*. Il y a dans ce livre une partie mathématique qui ne s'adresse qu'aux savants ; mais il y en a une autre, très importante, qui peut être lue par quiconque aime à penser, grâce à la clarté apportée par l'auteur dans les questions les plus ardues. Un jour, ce livre me tomba sous la main, et sa lecture m'inspira des réflexions que j'eus l'idée de soumettre à l'auteur dans une lettre, tout en profitant de l'occasion pour discuter avec lui la question au sujet de laquelle j'avais eu l'honneur de sa critique.

« Permettez-moi, lui disais-je, de m'autoriser de votre incursion dans le domaine de l'art pour mettre à mon tour un pied sur le terrain de la science, avec tout le respect qui lui est dû, à propos de votre admirable livre, et de vous faire part de quelques réflexions qu'il m'a suggérées. En invitant vos lecteurs à tirer eux-mêmes leurs conclusions, n'avez-vous pas, en quelque sorte, ouvert la porte à tout le monde ? Je me hâte de vous rassurer en vous disant que ce qui m'occupe n'est pas, à proprement parler, la partie scientifique de votre ouvrage, sur laquelle je vous crois volontiers sur parole, mais sa partie métaphysique. Vous avez abordé hardiment des questions qui dépassent la portée de l'esprit humain. À ces hauteurs, la distance qui sépare le savant de l'ignorant disparaît, comme la distance de la terre au soleil en regard de celle qui nous sépare des étoiles sans parallaxe sensible, et chacun de nous a le droit de parler de ces choses, parce que nul ne peut se flatter d'être en cela plus clairvoyant que son voisin… »

Je me disposais à faire parvenir ma lettre au célèbre astronome, quand la mort vint brusquement le ravir à la science.

De cette lettre, devenue sans objet, est sorti ce livre.[1]

PROBLÈMES ET MYSTÈRES

CHAPITRE I

Ma première rencontre avec le Mont-Blanc fut extraordinaire.

Depuis une semaine, j'étais à Genève, attendant qu'un ciel impitoyablement couvert voulût bien s'éclaircir pour me laisser apercevoir la célèbre montagne ; de guerre lasse, je partis pour Sallanches où j'arrivai vers la fin du jour.

Alors, subitement, une ouverture circulaire se fit dans le plafond d'épais nuages qui assombrissait la vallée ; par cette ouverture, à une hauteur invraisemblable au-dessus de l'horizon, apparut en plein soleil le massif du Mont-Blanc, étincelant dans le ciel comme un astre subitement rapproché de la terre ; et du coup je compris la beauté suprême de la nature inorganique.

La vie et la pensée ont pour nous une telle importance, elles nous intéressent à si haut point, que nous sommes naturellement portés à leur attribuer une valeur immense. La mode — il s'en met partout — est de voir la vie répandue à profusion dans la nature ; en réalité, elle paraît n'être dans l'Univers qu'un accident.

On a renoncé depuis longtemps à mettre des habitants dans le

---

1 Des fragments de cette lettre ont été publiés dans la *Revue Bleue* (9 août 1890).

Soleil, masse gazeuse portée à l'incandescence dans toute sa profondeur ; il ne saurait y en avoir non plus dans les innombrables étoiles de la voûte céleste, qui toutes sont des soleils. Ne parlons pas de la Lune, rocher stérile, ni de nos sœurs les planètes du système solaire, la plupart trop jeunes encore ou déjà trop vieilles pour que la vie puisse y exister, dont l'une, Uranus, est dans des conditions telles qu'il semble impossible qu'elle y existe jamais ; ne parlons que de la Terre où nous sommes. Il s'est écoulé des millions d'années avant que solidifiée, suffisamment refroidie, entourée d'air et d'eau, elle ait pu devenir habitable au moins pour des plantes ; d'autres millions d'années avant l'apparition de l'homme. Maintenant, à sa surface, la vie pullule ; mais grattez un peu cette croûte mince que nous foulons sous nos pieds : que trouvez-vous ? un globe de trois mille lieues de diamètre, dans l'épaisseur duquel aucun être vivant ne saurait trouver place ; et le sommet des hautes montagnes est là pour nous avertir qu'une légère diminution dans la densité de l'air suffirait pour faire de la surface entière de la Terre un désert glacé.

Il faut donc que l'Univers ait une autre raison d'être que la production de la vie et de la pensée ; cette raison, il serait inutile de la chercher. Mais si nous ne pouvons la comprendre ni même l'imaginer, le sens esthétique, le plus délicat que nous possédions, peut tout au moins nous faire pressentir son existence.

Tous ceux qui ont escaladé les cimes connaissent les impressions spéciales qu'elles font naître ; là où cesse la vie, là où il n'y a plus que des rochers et des glaciers dans l'azur sans limite, on éprouve comme un bonheur immense, surhumain ; on prend en pitié la ville d'où l'on sort, la civilisation à laquelle on appartient ; on ne voudrait plus redescendre au milieu des hommes.

Le croyant, dans son exaltation, se sent plus près de Dieu ; et pourtant, si Dieu, comme on nous le dit, avait tout fait pour la vie, et la vie elle-même pour l'homme, ces lieux déserts devraient nous faire horreur : car la vie en est absente et nous n'y saurions demeurer sans mourir.

N'y aurait-il pas dans ce sentiment, ou, pour mieux dire, dans cette sensation, comme un instinct nous avertissant que la vie, l'homme, la pensée humaine elle-même comptent pour peu de chose dans l'ensemble de la Nature ?

CHAPITRE II

Écoutons les philosophes :

« Un corps peut-il penser ? une étendue en longueur, en largeur et en profondeur peut-elle raisonner, désirer, sentir ? non, sans doute ; car toutes les manières d'être d'une telle étendue ne consistent que dans des rapports de distance ; et il est évident que ces rapports ne sont point des perceptions, des raisonnements, des sentiments, en un mot des pensées. Donc ce *moi* qui pense n'est point un corps, puisque mes perceptions sont tout autre chose que des rapports de distance... tous les rapports de distance se peuvent comparer, mesurer exactement par les principes de la géométrie ; et l'on ne peut ni comparer ni mesurer de cette manière nos perceptions et nos sentiments. Donc mon âme n'est point matérielle... c'est une substance qui pense, et qui n'a nulle ressemblance avec la substance étendue dont mon corps est composé... »

Il n'y a rien à répondre à cela ; mais c'est de la métaphysique pure et l'on peut raisonner tout autrement.

Qu'est-ce que l'intelligence ? qu'est-ce que la pensée ? Nous n'en savons rien. Faire de l'intelligence une entité spéciale est une supposition gratuite, alors que l'observation nous la montre toujours associée à un corps vivant ; et si l'on ne veut abandonner toute logique, il faut, ou refuser une partie spirituelle à l'homme, ou l'accorder au dernier des infusoires, qui montrent une intelligence bornée à la recherche de leur nourriture, mais indéniable ; on les voit se mouvoir en tous sens, se détourner des obstacles, lutter contre des forces contraires, donner enfin le spectacle de mouvements dirigés par une volonté consciente. N'ayant pas de cerveau, ils ne sauraient penser, de même que, privés d'yeux, ils ne peuvent connaître la vision distincte ; mais ils sont néanmoins sensibles à lalumière ; mais ils ont déjà la sensation et la volonté. Or la volonté fait partie des facultés dites immatérielles.

Connaissez-vous l'Hydre d'eau douce ? c'est une petite bête mesurant quelques millimètres, sans cerveau et sans yeux, parfaitement féroce d'ailleurs.

J'en ai fréquenté une qui habitait un grand bocal, fixée à la paroi de verre. L'ayant placée à l'opposé du jour, je l'ai retrouvée, quelques heures après, du côté de la fenêtre ; elle avait senti la lumière, et fait un trajet énorme pour elle afin de s'en rapprocher.

On nous élève dans l'idée que l'instinct seul dirige les actes des animaux, et nous passons ensuite notre vie à nous étonner des signes d'intelligence qu'ils ne cessent de nous montrer. Avez-vous remarqué que tous les propriétaires de chiens croient posséder des phénomènes ? À les entendre, il n'y en a pas de pareil au leur, il est extraordinaire, son intelligence est plus qu'humaine, il ne lui manque que la parole… et cela uniquement parce qu'ils ont été à même de l'étudier ; celui du voisin en fait tout autant.

La supériorité énorme de l'intelligence humaine, correspondant à un développement spécial du cerveau, tout différent de celui des animaux les plus voisins de nous dans l'échelle des êtres, nous rend très orgueilleux. En vain nous retrouvons dans tous les vertébrés les mêmes dispositions anatomiques, la même structure que chez l'homme : nous ne voulons rien avoir de commun avec eux. L'homme, dit-on avec indignation, ne serait qu'un animal comme les autres ! non assurément ; mais l'homme n'est qu'un animal d'un ordre plus élevé que les autres ; et il est aussi impossible de prouver qu'il possède une partie immatérielle qu'il est impossible de le nier, par la raison que cela échappe à toute espèce d'expérimentation ; par la raison que les mots *Esprit* et *Matière* expriment des idées purement métaphysiques, qui n'ont rien à voir avec les faits.

Pour les anciens, ce qui se voit, ce qui se touche, était de la matière ; le reste ne l'était pas. Le mot *Spiritus* signifiait à la fois l'esprit et le vent ; pour les philosophes de l'antiquité, le vent, la flamme même n'étaient pas matériels. Un vent impétueux, des langues de feu (probablement des aigrettes électriques) sont les signes de l'apparition du Saint-Esprit lors de la Pentecôte. Nous n'en sommes plus là ; tout ce qui n'est pas du domaine de la pensée, pour les modernes, est matière ; mais on reconnaît toujours, sous le nom de faits matériels et immatériels, deux ordres de faits différents. On ne veut pas que le cerveau sécrète la pensée, alors que chacun sent parfaitement qu'il pense avec sa tête, non avec sa main ou son pied ; on ne veut pas que des agents matériels influent sur la volonté, alors qu'il suffit de quelques gouttes d'alcool pour nous faire déraisonner.

Nous constatons à chaque instant l'action des agents matériels sur la pensée, et de la pensée sur le corps ; donc il y a entre ce que nous appelons Matière et ce que nous appelons Esprit, une chaîne ininterrompue ; donc l'un et l'autre appartiennent à un même ordre de faits, non à deux ordres de faits qui s'excluent ; donc il n'y a ni esprit, ni matière, au sens que l'on attribue à ces mots, il y a autre chose, un ordre de faits que nous ne connaissons pas encore, auquel tous les phénomènes se rattachent, et dont la connaissance seule pourrait nous conduire à celle de la substance de l'Univers, de la nature des êtres et des choses.

Il y a les corps que nous touchons, que nous voyons, que nous sentons, mais dont la nature essentielle nous est inconnue ; nous ne connaissons que leurs propriétés. Il y a le « je-ne-sais-quoi » dont les vibrations se manifestent sous forme de lumière, de chaleur et d'électricité ; il y a l'attraction universelle ; il y a les phénomènes vitaux. Autant de problèmes, autant de mystères. Si nous tenions la clef de toutes ces questions, si nous les avions résolues, si nous savions par expérience, à n'en pouvoir douter, que la force vitale est impuissante à engendrer la pensée, quelle frontière sépare l'intelligence humaine de l'intelligence animale ; si nous savions, enfin, une foule de choses que nous ne savons pas, nous serions en droit d'affirmer l'existence de l'âme purement spirituelle. Mais nous ignorons la nature de la force vitale ; mais nous voyons l'intelligence, d'abord rudimentaire, ensuite de plus en plus semblable à la nôtre, exister chez les animaux. Nous voyons, disons-nous, quand nous ne fermons pas les yeux pour ne pas voir. L'école spiritualiste, sentant le danger, n'a jamais voulu accorder à l'animal autre chose que l'instinct, en se gardant bien de définir et de limiter cet instinct. Un évêque célèbre, montant un jour à la tribune de la Chambre des députés pour flétrir les abominations enseignées par les philosophes modernes, signalait entre autres au mépris public cette proposition :

« Il y a des animaux qui réfléchissent. »

Dieu est incompréhensible, il n'est pas illogique ; un pur esprit peut être partout et nulle part tout à la fois, n'ayant aucun rapport avec l'espace. Mais comment une âme, de nature immatérielle, peut-elle habiter un lieu déterminé, un cerveau humain ? C'est ce que personne n'a jamais pu dire. Il est vrai que l'attraction universelle, la propagation indéfinie de la lumière, sont tout aussi mystérieuses quant à présent ; mais ce sont là des faits, il faut bien les admettre. L'Âme n'est qu'un moyen d'expliquer la production de la Pensée.

Déjà le poète Lucrèce niait l'existence de l'âme humaine, comme il niait celle des dieux de l'Olympe ; aussi l'appelle-t-on encore l'impie Lucrèce : ses œuvres sont tenues à l'écart de l'enseignement classique. Il ne faut pas s'en étonner. Dès les temps anciens, la métaphysique a installé dans le monde une singulière façon de raisonner : au lieu de chercher la vérité en elle-même et pour elle-même, on examine d'abord quelles conséquences telle ou telle idée pourrait avoir, si elle était vraie. Nul ne pourrait dire à quel point cette méthode a entravé la marche de l'humanité.

Quoiqu'il arrive d'ailleurs, on parlera toujours d'âme, d'esprit et de matière, comme on parle de la voûte céleste, du lever et du coucher des astres, bien que tout le monde sache depuis longtemps qu'il n'existe aucune voûte au-dessus de nos têtes et que les astres ne se sont jamais levés ni couchés ; ce sont façons de parler dont on ne saurait se déprendre, vu la difficulté de les remplacer.

CHAPITRE III

L'histoire serait longue à faire, de la lutte de la Raison contre la Foi, dans notre beau pays de France. Un moment, la Raison y eut des autels, et le fait seul de l'avoir déifiée montre l'état d'esprit de ses adorateurs. La Foi, persécutée, tenait alors le beau rôle. Sous la Restauration, elle reprend sa liberté et s'empare du pouvoir dont elle s'empresse d'abuser ; c'est alors que par une réaction naturelle naît l'incrédulité moderne, — très différente de celle des « libertins » du XVIIIᵉ siècle, — d'un caractère bizarre et passionné : l'incrédulité romantique. On ne croit pas, et on se désole de ne pas croire ; la célèbre apostrophe d'Alfred de Musset — « *Dors-tu content, Voltaire ?* » — est la plus parfaite expression de cet état d'âme. Vingt ans plus tard, l'incrédulité s'était fortifiée, on ne se désolait plus. « Guerre au surnaturel », disait la jeunesse libre-penseuse : « c'est l'ennemi ». M. Louis Figuier écrivait sa belle *Histoire du surnaturel*, dans laquelle il montrait le miracle disparaissant partout devant la science, comme la nuit au contact du jour. L'analyse s'arrêtait aux miracles de l'Écriture sainte : on était alors aux beaux jours de l'Empire, et si l'auteur avait tenté d'expliquer le miracle des Noces de Cana, son livre, cité en justice et condamné pour « outrage à la morale religieuse », eût été supprimé.

Pendant ce temps, la Foi, qui voyait lui échapper les intelligences vives et avides de liberté, avait tenté, par un mouvement hardi, de s'accommoder aux idées modernes et de faire bon ménage avec la science. À part quelques dogmes sur lesquels elle ne pouvait transiger, et qui, par leur nature même de mystères impénétrables, échappent au raisonnement, liberté de croire ou de ne pas croire était laissée aux fidèles. Le nom de M. de Montalembert, chef des catholiques libéraux, brillait alors — qui s'en douterait aujourd'hui ? — d'un éclat presque solaire. On sait comment Pie IX accueillit ces auxiliaires qui venaient à lui, les mains pleines de bonnes intentions : « *ces sortes de pestes* », tel fut le mot cruel qu'il leur jeta à la face, du haut du *Syllabus*. Il referma et verrouilla pour jamais les portes qu'on avait eu l'audace d'ouvrir toutes grandes à l'air et à la lumière. Louis Veuillot fut l'ouvrier de cette réaction ; sa lutte contre la partie libérale du clergé atteignit aux dernières limites de la violence ; Mgr Dupanloup, prenant la plume de Cicéron, lui écrivit un jour : « *Votre conduite dans l'Église, monsieur, n'est plus tolérable !* » et tout le pamphlet continuait sur ce ton. Appuyé par le Pape, soutenu par la puissante corporation des jésuites, le journaliste ne s'arrêta pas, et l'on vit ce spectacle étrange : un laïque victorieux du clergé dans des questions religieuses. Puis le pape promulgua ses nouveaux dogmes et toute tentative de libéralisme disparut de l'Église.

Triste époque pour les esprits, nombreux alors, que ce libéralisme avait séduits, également incapables de se passer de religion et de se résoudre à humilier leur raison, comme l'Église l'ordonne. Il leur vint un messie dans la personne de Renan, inventeur de la religion sans foi ; le succès prodigieux de ce système a montré qu'il venait bien à son heure, sur un terrain préparé. Renan était enchanté, disait-il, de n'appartenir à aucune religion pour pouvoir les goûter toutes ; ce gourmet des sanctuaires n'avait pas tort : il y a dans les religions un attrait et un charme qui ne se retrouvent pas ailleurs, une source admirable d'art et de littérature ; et pour que cette source coule, la foi n'est pas du tout nécessaire. Vénus, Diane, à qui personne ne croit plus, inspirent toujours nos peintres et nos sculpteurs ; il n'y a pas de plus hauts sommets que le *Requiem*, le *Te Deum* et l'*Enfance du Christ* dans l'œuvre de Berlioz, dont l'incrédulité était aussi complète que possible. Le dilettantisme de Renan est parfaitement légitime ; ce qui l'est moins, c'est qu'on ait voulu faire de ce dilettantisme une doctrine, une religion sans foi n'étant pas plus une religion qu'un civet sans lièvre n'est un civet. Sans doute, la beauté du style de Renan, l'entraînement de sa parole auront été pour beaucoup dans la faveur accordée à sa douce philosophie. Malgré tout, on a senti bientôt qu'elle manquait de solidité ; le tolstoïsme aidant, on a voulu revenir à la foi. « Il faut croire », nous a-t-on dit. — Que croire ? — « Peu importe ; ce que vous voudrez. Ce sera vrai, du moment que vous le croirez. »

Et l'on s'est mis à croire n'importe quoi, on s'est passionné pour le Bouddhisme, on a ressuscité toutes les vieilles légendes ; sous prétexte de *Folklorisme*, on s'est plongé jusqu'au cou dans les contes de bonne femme les plus insignifiants ; on a calomnié la science, accusée de ne rien faire pour le bonheur de l'humanité. La vérité est devenue suspecte ; que voulez-vous ? elle n'est pas consolante, et l'on veut avant tout être consolé ; si la vérité est désagréable, mieux vaut ne pas la regarder : ainsi fait l'autruche. Le goût du jour est d'être indulgent à l'erreur, sympathique à l'illusion. Un vieux républicain, blanchi sous le harnais, n'a pas craint d'écrire : « La légende est la vérité des philosophes, l'histoire est la vérité des portières. » Ne dites pas que deux et deux font quatre. Mon Dieu ! on ne vous dit pas le contraire ; mais pourquoi l'affirmer aussi brutalement ? cela peut blesser des consciences délicates. Ne soyez donc pas tout d'une pièce, et sachez respecter les mystères qui se cachent dans les replis de l'âme humaine.

On disserte sur ce ton, sans fin, parfois en très beau style, avec la conviction de travailler ainsi au salut de la Société. Tout cela, bien entendu, ne sort pas d'une élite ; mais à cette élite incombe la tâche de guider les foules, et si elle s'égare dans les rêveries et les subtilités, les foules qui sont incapables de la suivre dans une pareille voie restent livrées à elles-mêmes.

CHAPITRE IV

Il y a déjà longtemps qu'on a dit :

« Du jour où les Romains ont cessé de croire aux poulets sacrés, c'en a été fait de l'Empire romain. »

On en a conclu que les Romains avaient eu tort de ne plus croire aux poulets sacrés, oubliant que leur plus grand tort était d'avoir assis un empire sur une base aussi fragile.

En tous temps, en tous lieux, nous retrouverons ce fait : une société fondée sur une religion. Ce qui donne aux religions leur solidité, c'est qu'elles sont acceptées comme l'expression de la vérité absolue ; là est aussi leur faiblesse. Un jour vient où les besoins de la société qui se développe ne sont plus en harmonie avec son organisation théocratique, un jour où les intelligences, désireuses de penser par elles-mêmes, ne s'accommodent plus de l'enseignement théosophique ; on s'aperçoit que la prétendue vérité n'était qu'un brillant mensonge : la religion s'écroule et la société avec elle.

Les peuples chrétiens arrivent à ce moment critique.

Une seule civilisation connue échappe à cette loi, c'est la civilisation chinoise. Les Chinois, comme les autres peuples, ont des croyances et des superstitions, mais ce n'est pas sur elles que la société est fondée : c'est sur le respect de la famille et le culte des ancêtres. Peut-être est-ce pour cela que la société chinoise compte cinq mille ans d'existence.

À l'origine des sociétés civilisées, la science naît à l'ombre des temples ; science et religion vivent ensemble en bonne intelligence, se prêtant un mutuel appui. La science grandissant chaque jour, alors que la religion demeure immobile, bientôt celle-ci se sent menacée et devient pour son ancienne protégée une implacable ennemie. Le Polythéisme a inquiété les Pythagoriciens, qui avaient trouvé la clef du système de l'Univers, et cette clef a été perdue jusqu'au jour où Copernic l'a retrouvée ; pendant des siècles, le monde a été condamné aux pires folies cosmogoniques, dans l'intérêt des dieux de l'Olympe. Parlerons-nous de Galilée ? exagérée par les ennemis de l'Église, atténuée par ses apologistes, l'histoire de sa persécution demeure accablante pour ceux qui avaient alors la prétention de combattre l'erreur et d'imposer la vérité.

Camille Saint-Saëns

La science, depuis deux siècles, s'est énormément développée. Sa revanche est terrible ; en vain les temples regorgent de fidèles, en vain des milliers de chaires sacrées répandent la parole de Dieu ; on sent, on sait que la foi n'y est plus. Des enthousiastes, assoiffés d'idéal, attendent avec anxiété une foi nouvelle ; ils attendront en vain ! ce ne sont pas seulement les dogmes qui s'usent, c'est l'aptitude même à croire qui se perd : l'athéisme envahit le monde. Ici il faut nous arrêter ; la chose en vaut la peine.

L'athéisme, avouons-le, est fort mal porté. Beaucoup de gens reculent devant lui par répulsion pour une tourbe qui nie Dieu afin de s'affranchir de toute règle, de tout frein, pour n'avoir d'autre loi que la satisfaction des appétits les plus vils ; il y a de quoi faire reculer en effet, pour peu qu'on ait quelque délicatesse.

D'ailleurs, une négation n'est pas une doctrine. C'est avec des affirmations que l'on fait œuvre qui dure ; la négation ne saurait être que stérile.

Les preuves de l'existence de Dieu sont irréfutables. Elles n'ont contre elles que ceci, d'être en dehors du domaine de la science et d'appartenir entièrement à celui de la métaphysique. Or, presque toujours, quand la métaphysique s'est trouvée aux prises avec les faits, elle a été vaincue ; Renan a osé dire qu'elle n'existait plus. Cependant, notez ce point : elle a été vaincue presque toujours, mais non pas toujours ; elle a parfois rencontré la vérité. Quant à la science, si loin qu'elle puisse aller, elle rencontre une limite où sa lumière ne pénètre pas ; on dit alors : Dieu est là.

Mais, chaque jour, la lumière de la science pénètre plus avant dans l'inconnu, et il est arrivé une chose effrayante : à mesure que la science avançait, Dieu a reculé.

Il est maintenant au fond de l'infini, intangible et inaccessible, hors des atteintes de la raison impuissante. D'après l'enseignement théologique, il est le créateur du monde, mais d'un monde fini, limité, destiné à disparaître un jour : « Les cieux et la terre passeront », dit l'Écriture.

Or, les philosophes s'accordent aujourd'hui pour admettre que l'Univers n'a pas de limite et qu'il n'aura jamais de fin. D'aucuns veulent qu'il ait eu, à une époque fabuleusement reculée, un commencement, ce qui suppose un créateur ; d'autres, avec quelque apparence de raison, pensent que n'ayant ni limite, ni fin, il ne saurait avoir de commencement.

Il est certain que l'existence éternelle d'un univers doué de propriétés qui développent fatalement son évolution n'est pas plus difficile à admettre que celle d'une volonté éternelle, indépendante du temps et de l'espace, douée de la faculté créatrice et tirant ce même univers du néant.

Sous le nom de Providence, Dieu est censé veiller sur le monde. Y a-t-il réellement une providence ? rien n'empêche d'y croire ; mais pour préserver un clocher de la foudre ou une ville de l'épidémie, un paratonnerre vaut mieux qu'une croix, des précautions sanitaires sont plus efficaces que des processions : tout le monde en convient.

Malheureusement ni le paratonnerre ni l'hygiène ne peuvent préserver la Société des fléaux qui menacent son existence.

CHAPITRE V

La Société, nous dit-on, ne sera sauvée que par l'Évangile. On ne nous dit pas comment, et il serait inutile de nous le dire ; le mot suffit. Il est si doux à prononcer, si doux à entendre ! il éveille de si suaves idées ! on perd son temps à critiquer l'Évangile ; Voltaire y a usé ses dents. C'est en vain qu'il a mis au jour tout ce qu'il a pu y découvrir de choses niaises ou ridicules ; ces choses, on ne veut pas les voir. Tous les livres saints contiennent ainsi d'admirables pensées, mêlées à des étrangetés dont le fidèle ne s'inquiète jamais ; si elles sont trop choquantes, il en est quitte pour s'estimer incapable de les comprendre. Pour ce qui est de Voltaire, il avait eu un mot révoltant : « *Écrasons l'infâme !* » — infâme, le doux Fils de Marie, l'irrésistible charmeur qui entraînait les foules, le justicier qui chassait les vendeurs du temple, le martyr qui pardonnait à ses bourreaux ! après un tel mot, on ne peut plus rien entendre.

Il n'est pourtant pas inutile de rechercher, dans les parties de l'Évangile que tout le monde connaît, où se trouvent ces fameux remèdes qui doivent, comme on dit, « sauver la société ».

Selon toute apparence, la famille, le travail, l'épargne sont à la base de la société telle que le monde moderne la comprend.

Camille Saint-Saëns

Rien de cela n'existe dans l'Évangile.

Les disciples de Jésus quittent tout, famille et emploi, pour le suivre, et dès lors ne s'adonnent plus à aucun travail, vivant aux dépens de tout le monde. « Ne vous préoccupez pas du boire et du manger », leur dit le Maître ; « Votre Père qui est aux cieux vous nourrira. Voyez le lys des champs : il ne travaille point, il ne file point, et pourtant il est mieux vêtu que Salomon dans toute sa gloire ». On se scandalisait de voir le Fils de l'Homme fréquenter des gens de mauvaise vie, et manger avec eux ; mais, comme tous les oisifs, Jésus et ses disciples mangeaient où ils pouvaient, trop heureux d'accepter l'invitation d'où qu'elle vînt : aujourd'hui chez un riche marchand, demain chez une courtisane convertie par la parole du Maître, les autres jours n'importe où. Nulle part vous ne rencontrerez cette idée que l'homme doive, par son travail, se suffire à lui-même ; ceux qui possèdent sont tenus de faire l'aumône, les autres de l'accepter. Aucune fierté : si l'on vous soufflète, vous devez tendre l'autre joue. Nul patriotisme : « Si les lois de votre pays ne vous conviennent pas, secouez la poussière de vos sandales et allez dans un autre ». Les préceptes, vous les connaissez : Aimez-vous les uns les autres, soyez parfaits comme votre Père céleste est parfait, redevenez semblables à de petits enfants qui viennent de naître ; on pourrait ajouter : marchez sur la tête, prenez la lune avec les dents, car tout cela n'est pas praticable ; le premier précepte, qui paraît au premier abord d'une application facile, a été plus admiré que pratiqué ; après dix-neuf siècles, les nations chrétiennes en sont encore à s'épuiser en armements sanguinaires, et des écrivains dévots ont jugé la guerre une chose sainte et nécessaire !

Le Maître est remonté au ciel : voici la société chrétienne à son berceau, sous la tutelle des apôtres. Comment vont-ils l'organiser ? d'une façon bien simple : chaque fidèle leur apportera son avoir, et le total sera distribué également entre tous. L'un d'eux ayant « triché » en gardant devers lui quelque somme, saint Pierre, d'un geste, l'étendit mort à ses pieds.

Ainsi, suppression du travail, affaiblissement des caractères, partage des biens sous peine de mort, voilà ce que nous donne l'Évangile comme base de la société. À la bombe près, cela ressemble singulièrement à l'anarchisme, qui se pique aussi de charité, à l'occasion.

Aussi bien n'est-ce pas précisément sur l'Évangile, comme on se plaît à le dire, qu'est édifié le monde moderne ; l'Évangile n'est qu'un symbole. En le prenant uniquement pour guide, on arrive à des résultats surprenants, témoin le célèbre romancier philosophe qui de fil en aiguille est arrivé à prétendre qu'il était coupable de se laver à grande eau et criminel de perpétuer notre espèce. La vraie base est dans la doctrine des Églises qui ont pris l'Évangile pour drapeau, principalement de l'Église catholique. Tout y part de ce principe : l'homme est de passage sur la terre, son but est le ciel, sa vie doit tendre uniquement à lui mériter une éternité bienheureuse.

Cela mène à de hautes vertus, meilleures assurément pour une société que les vices contraires ; mais ces vertus, par elles-mêmes, ne sont pas sociales ; si la société chrétienne a vécu sur ce fond, c'est que la Nature, qu'il est impossible de comprimer complètement, a réclamé ses droits et est venue mitiger la rigueur des principes ; c'est que, comme disent les livres de piété, on croit, mais on vit comme si l'on ne croyait pas, ou comme si l'on croyait un Évangile contraire à celui que l'Église explique et enseigne ; c'est que l'Église elle-même, tout en interprétant les Écritures de la façon la plus large, de par l'autorité qu'elle prétend tenir de Dieu même, a su dans l'application de ses immuables doctrines joindre une grande habileté à une grande souplesse. Sans ces tempéraments, qu'arriverait-il ? l'Église bénissant le mariage, mais lui préférant hautement la continence et la virginité, si la foi chrétienne était universellement pratiquée, si elle était réellement vive et efficace, le monde se peuplerait de cloîtres ; ce ne serait pas seulement la mort de toute civilisation, ce serait la fin de l'espèce humaine.

L'Église nous apprend que l'ordre de la Grâce, qui est celui de Dieu, est opposé à l'ordre de la Nature, qui est celui du Diable ; elle ne se préoccupe guère des lois naturelles, si bien qu'un brillant académicien, faisant l'éloge des vertus chrétiennes, s'est vu conduit à déclarer qu'elles étaient *contre nature*. L'idée chrétienne place avant tout l'intérêt bien compris de l'individu, la Nature sacrifie l'individu à la conservation de l'espèce ; différence fondamentale, scission radicale qu'on a cherché à dissimuler dans la pratique, mais qui reste au fond des choses et reparaît toujours, de temps en temps, à la surface. Le vrai chrétien parle avec mépris et défiance de « science humaine » et d'« art profane » ; les grands génies lui sont suspects,

Camille Saint-Saëns

les belles créations, les découvertes scientifiques ne l'intéressent pas. À quoi bon rechercher les précieux vestiges du passé, fortifier et améliorer la race, pénétrer les secrets de l'univers, mesurer le cours des astres ou épeler le livre mystérieux des microbes ? Une seule chose importe : sauver votre âme. La charité chrétienne, si touchante dans ses effets, l'est peu dans son essence : procurer au prochain une bonne mort et se préparer à elles-mêmes des mérites pour l'autre vie, il n'y a pas autre chose pour les âmes vraiment pieuses, qui font profession d'un parfait détachement. « Voyez », me disait un jour, avec un angélique sourire, un jeune prédicateur revêtu de la robe blanche de St-Dominique, « ne suis-je pas dans mon état normal ? j'ai pourtant reçu ce matin la nouvelle de la mort de ma mère ; nous autres, qui sommes détachés de tout, ne sommes pas troublés par de pareilles choses ». Hâtons-nous de dire qu'on arrive rarement à une telle perfection.

Mais, objecte-t-on, sans foi, sans croyances, que deviendront les hommes ? rien ne les retiendra ; ayant perdu l'espoir d'une vie meilleure, la crainte d'un châtiment éternel, ils ne songeront qu'à vivre le plus heureusement possible, aux dépens des autres s'il est nécessaire ; l'égoïsme sera la loi du monde, tous les vices se donneront carrière : aucune société ne saurait s'accommoder de pareils éléments.

Cela est bon à dire ; on rend les enfants sages en les menaçant de la colère de Croquemitaine ; mais quand ils ont perdu la foi en Croquemitaine, il est impossible de la leur rendre sous prétexte qu'elle était d'un usage commode.

Les hommes sont en grand danger de perdre toute croyance. Il faut s'habituer à cette idée, et chercher s'il n'y aurait pas moyen de trouver dans la Nature seule les bases d'une morale et d'une société.

Cherchons.

CHAPITRE VI

L'homme, comme la fourmi, comme l'abeille, ne peut vivre qu'en société. Chacun ayant besoin de tous, se doit à tous. Cela suffit pour l'abeille et pour la fourmi ; cela ne saurait suffire pour l'homme, qui a d'autres horizons. Remarquons en passant que l'abeille et la fourmi nous donnent déjà l'exemple de véritables vertus sociales : l'ordre, la prévoyance, le dévouement à la cause commune, l'amour du travail. Cependant il nous faut autre chose ; cherchons encore.

Le matérialiste vulgaire n'a cure du passé, se moque de l'avenir. Ne pense pas à demain, dit-il, jouis du moment présent : *carpe diem*. Il ne songe pas à ceci : le moment présent nous échappe ; il est impossible à l'homme de le saisir.

Le moment où je parle est déjà loin de moi.

Le Présent est dans le temps ce qu'est dans l'espace le point mathématique, dont une suite forme la ligne, mais que personne n'a vu ni ne verra jamais : une frontière entre la réalité et l'abstraction.

S'il y avait pour le temps un microscope comme il y en a un pour l'espace, on aurait beau employer des grossissements indéfiniment plus forts, on ne verrait jamais le moment présent.

Il n'y a de vraiment réel que le Passé qui n'est plus et l'Avenir qui n'est pas encore.

Dès lors ce n'est pas à l'Humanité présente que se doit l'homme ; c'est à l'Humanité passée et à l'Humanité future.

Cette double loi donne une raison d'être à toutes les actions humaines ; elle donne la clef d'une foule de sentiments inhérents à l'homme, qui ne sont pas explicables autrement.

L'homme se doit à ceux qui l'ont précédé ; de là le devoir pour les enfants de soigner leurs parents et de respecter leur vieillesse ; de là le culte des ancêtres, l'orgueil légitime d'une longue race de preux dont on conserve et honore la mémoire ; de là la recherche des vestiges du passé le plus reculé, le désir de faire revivre, autant que faire se peut, les temps écoulés ; la conservation des anciennes coutumes, des monuments et des chefs-d'œuvre des âges antérieurs, des langues mortes et de leur littérature, l'étude de l'Histoire et le sentiment profond que ces œuvres sont bonnes et nécessaires, ce fait que les esprits cultivés se sont toujours passionnés pour des études en apparence inutiles. Qui de nous ne s'est senti révolté en voyant détruire un objet d'art ancien ou un souvenir historique, ne s'est réjoui en apprenant que des fouilles avaient mis au jour quelque débris des civilisations disparues ? En pénétrant dans un musée, en visitant la merveilleuse Pompéi, qui de nous n'a senti vibrer, au plus profond de son être, des cordes mystérieuses ?

L'homme se doit à ceux qui le suivront. De là, la sollicitude des parents pour leurs enfants, les soins apportés par la Société à leur éducation ; la charité, cherchant à assurer l'avenir des déshérités ; le développement, l'intérêt énorme de la science, qui prépare le terrain pour l'humanité future ; la raison d'être de la science pure, étudiant les faits sans se préoccuper de l'utilité, qui viendra plus tard, le dévouement du savant entreprenant des travaux qui ne seront terminés que longtemps après lui, la confiance de l'artiste méconnu, en appelant au jugement de la postérité, l'ambition de vivre le plus longtemps possible dans la mémoire de ses semblables, d'immortaliser son nom par des œuvres ou par des actes.

Quand le vieillard de La Fontaine dit ce vers délicieux :

Mes arrière-neveux me devront cet ombrage !

n'est-il pas plus touchant que s'il nous entretenait du salut de son âme ?

« Et la morale ? »

La morale, dans une société organisée sur cette base, serait probablement un peu modifiée, ainsi qu'il est arrivé toutes les fois que l'axe de la civilisation s'est déplacé. L'intérêt du genre humain tout entier, l'avenir de la race primant l'intérêt individuel, cela ne pourrait se faire sans changer le point de vue dans bien des questions. La maternité serait sacrée, et peut-être ne verrait-on plus de malheureuses jeunes femmes honnies, persécutées, privées de secours alors qu'elles en ont le plus besoin, étranglant leurs enfants pour échapper à la honte et à la misère, parce qu'avant d'accomplir leur fonction de propagatrice de l'espèce elles auraient négligé certaines formalités ; peut-être s'apercevrait-on que le vice consiste, en certains cas, moins à faire des enfants qu'à n'en pasfaire. Peut-être l'exploitation à outrance de la nature par l'homme, sans souci des conséquences ultérieures, celle de l'homme lui-même par son semblable, dans un but de lucre, cesseraient-elles d'être pratiquées. Ce serait une autre morale, ce ne serait pas l'oubli de toute morale ; bien loin de là.

Et l'idéal, et l'« au-delà » ?

Est-ce que vous n'avez pas la science ? Est-ce que vous n'avez pas l'art ? En fait de mystère, qu'y a-t-il de plus profond que la Nature ? En fait d'idéal, qu'y a-t-il de plus élevé que l'Art ? Le Bien, dit-on, est supérieur au Beau ; c'est bien possible. Mais du jour où la solidarité universelle serait pratiquée, le bien serait général, on ne s'en inquiéterait pas plus que de l'air qu'on respire quand il est pur ou de la santé quand on est bien portant ; resterait le beau, auquel on doit toujours tendre par un effort, qui est l'art. Rien n'est plus mystérieux que l'art. Qui dira pourquoi un chef-d'œuvre diffère à tel point d'une œuvre ordinaire, pourquoi il y a un abîme entre un bras dessiné par Raphaël et le même bras dessiné par n'importe quel artiste habile ? Nul ne le sait. Si ce n'est pas de l'« au-delà », où faudra-t-il aller en chercher ?

Dans l'Infini.

Mais l'Infini n'est pas à notre portée. On en parle beaucoup cependant ; quelques personnes paraissent même avoir avec l'Infini des relations assez familières. Sait-on bien de quoi l'on parle ? L'Infini ne serait-il pas, dans certains cas, un mot à effet, un simple procédé littéraire qu'on prendrait pour la source des grandes pensées ?

***

La Science, l'Art, c'est fort bien. Mais tous ne sont pas aptes à la science, tous n'ont pas le sentiment de l'art.

Autrement dit, le Vrai, le Beau ne sont pas du goût de tout le monde. Réduite à ces termes, la proposition prend un aspect monstrueux.

Et pourtant elle est vraie ; la haine de la science, la haine de l'art existent.

N'est-il pas horrible que l'on puisse dire : le laid, le faux, sont préférés au beau et au vrai ? Cela ne doit pas être, et cela ne serait pas si l'on élevait autrement les enfants, qu'on élève au rebours du bon sens.

Voyez ce qui se passe dans le domaine du Vrai.

Tous les enfants sont observateurs, tous ont le goût des sciences naturelles ; loin d'encourager ce goût, on le combat. L'enfant apporte à sa mère une plante et un insecte qu'il a trouvés, et lui demande ce que c'est. Que fait la mère ? elle jette la plante qu'elle traite de mauvaise herbe, écrase l'insecte et donne une tape à l'enfant ; c'est plutôt fait que de lui donner des explicationsqu'elle serait d'ailleurs, à l'ordinaire, incapable de lui donner. En revanche, elle lui apprend (avec quel sérieux, quelles mines attendries et solennelles !) ces grandes vérités : le monde a été fait en six jours, Adam et Ève ont croqué la pomme, l'ânesse de Balaam a parlé, Jonas a passé trois jours dans le ventre de la baleine, l'Étoile a conduit les Rois-Mages au berceau de l'Enfant-Jésus. Peu d'années après, il saura que tout cela n'était pas vrai ; il verra tout le monde, autour de lui, altérer la vérité sans le moindre scrupule ; on lui défendra de mentir, mais s'il est sincère et confiant on se moquera de lui, on lui dira qu'il n'est pas malin, on fera l'éloge de ses camarades plus malins que lui. Il entendra parler de la science avec crainte, des savants avec dérision...

Même chose s'il s'agit du Beau.

Tous les enfants aiment les images, tous cherchent à dessiner, tous ont l'instinct de représenter les objets qu'ils voient par un trait, et cet instinct est le point de départ des arts plastiques. Au lieu de guider l'enfant dans cette voie, on le laisse errer à l'aventure et s'égarer, quitte à le remettre en bon chemin plus tard, si l'on peut, quand il apprendra les « arts d'agrément ». On l'entoure d'objets affreux, on lui met dans les mains des figures mal dessinées, des choses sans forme et sans goût ; lui fait-on apprendre la musique, on habitue son oreille à la platitude et à la vulgarité, voire même à l'incorrection. Plus tard, il entendra dire qu'il y a des « objets d'art », bons pour les « connaisseurs », autrement dit pour quelques originaux, et les autres objets faits pour les gens raisonnables ; il verra l'art et les artistes tenus en suspicion comme la science et les savants, mis à part comme des anomalies bizarres et peut-être dangereuses ; il verra même certains artistes faire eux-mêmes tout ce qu'il faut pour justifier cette manière de voir...

Comment le goût du vrai et du beau pourraient-ils se développer sous un pareil régime ? Si quelque chose doit étonner, c'est qu'ils aient encore des fidèles.

CHAPITRE VII

L'humanité est jeune encore : elle a, selon toute vraisemblance, des millions d'années devant elle. C'est peu pour les âmes altérées d'infini ; ce n'est pas une quantité négligeable : nous nous faisons même difficilement une idée de ce que cela peut être. Mais enfin, si loin que soit ce jour, il viendra, celui de la fin de notre espèce ! le soleil s'éteindra ; peut-être avant ce temps la terre aura-t-elle résorbé ses mers, son atmosphère, et sera-t-elle devenue impropre à la vie ; après avoir progressé dans des proportions que nous ne pouvons imaginer, l'humanité régressera, dégénérera, disparaîtra.

« Et il ne resterait rien de nous, qui avons pensé, de nous, qui avons aimé, qui avons souffert ! ce n'est pas possible. Nous sentons en nous quelque chose qui ne peut périr ! »

Soyez tranquilles, personne ne vous prouvera le contraire.

Mais ce que nous sentons en nous pourrait très bien n'être que l'instinct de la conservation, transfiguré par notre imagination qui en a fait bien d'autres, transformant par exemple les brouillards et les feux follets en fées, fantômes et revenants auxquels on a cru pendant des siècles.

Cela pourrait être aussi le pressentiment de cette vérité, que les éléments dont nous sommes composés ne sauraient disparaître et que d'autres êtres vivants seront formés de notre substance.

« Il est impossible », dit-on, « que notre désir n'implique pas une réalité. » C'est parfaitement possible au contraire. Qui de nous, par exemple, n'a désiré ardemment remonter le cours des âges, vivre, ne fût-ce qu'un jour, une heure, dans tel ou tel des temps anciens ? là, pourtant, aucune illusion n'est admissible, et nous savons à n'en pas douter que nous ne verrons jamais Périclès ni Cléopâtre. Croire ce qu'on désire est naturel ; cette croyance n'a aucune action sur les faits.

Mais alors, où est le BUT ?

Le but ?

Il n'y en a pas.

Rien, dans la nature, ne tend à un but, ou plutôt chaque but est à son tour un point de départ : la nature nous donne le spectacle d'un perpétuel cercle vicieux.

Voyez la plante : elle germe ; elle se compose d'une racine, d'une tige et de feuilles naissantes ; elle croît rapidement, de nouvelles

Camille Saint-Saëns

feuilles, de nouvelles tiges apparaissent. La racine nourrit les tiges qui portent les feuilles, mais celles-ci nourrissent aussi la tige et la tige fait vivre la racine ; il y a réciprocité, il n'y a pas encore de but défini. Le but, c'est la fleur ! le bouton grossit, s'ouvre, le miracle s'opère, la fleur s'épanouit ! mais la fleur éphémère n'est que le temple de la fécondation ; celle-ci opérée, la fleur se fane et tombe, le fruit se développe et mûrit. Est-il le but ? sa fonction est de contenir la graine ; celle-ci, à ne voir que l'apparence, est un objet complet, terminal. Erreur, la graine n'est que l'embryon de la plante future ; et le cycle recommence.

On s'est toujours cassé le nez en cherchant les causes finales ; cela tient peut-être tout simplement à ceci, qu'il n'y a pas de causes finales. En tous cas, s'il y en a, il en va exactement pour nous comme s'il n'y en avait point.

Si nous sommes emprisonnés dans le temps comme dans l'espace, tâchons de nous accommoder de notre prison ; quoiqu'on en dise, elle est assez vaste pour nous. Pénétrons-nous de cette idée, que l'humanité est un corps dont nous sommes une molécule, et que le vœu de la nature est que nous vivions pour les autres, qui sont nous-mêmes. Profitons de l'héritage de nos aînés ; travaillons pour que ceux qui nous suivront soient plus heureux que nous, s'il est possible, et nous soient reconnaissants de l'existence que nous leur aurons préparée. Nous verrons alors que la vie est bonne, et, le moment venu, nous nous endormirons avec le calme et la satisfaction de l'ouvrier qui a fini sa tâche et bien employé sa journée. Les joies que la nature nous donne, qu'elle ne refuse même pas complètement aux plus déshérités d'entre nous, celle que procure la découverte de vérités nouvelles, les jouissances esthétiques de l'art, le spectacle des douleurs soulagées et les efforts pour les supprimer dans la mesure du possible, tout cela peut suffire au bonheur de la vie. Il est à craindre que tout le reste ne soit que folie et chimère.

Des hommes sérieux et éclairés, de grands savants, croient pourtant à ces « chimères » et à ces « folies ».

Cela ne prouve rien ; la logique ne gouverne pas toujours les hommes, fussent-ils éminents, et les contradictions les plus surprenantes vivent à l'aise dans le milieu élastique de la conscience. Képler, le grand Képler, un des fondateurs de la science moderne, l'auteur des lois immortelles qui portent son nom, croyait à l'astrologie ; il écrivait sérieusement que la conjonction de Jupiter et de Saturne, dans le signe du Lion, pouvait provoquer des insurrections. Une des forces les plus mystérieuses de la nature, l'atavisme, est la source de ces illogismes et la cause que certaines idées préconçues résistent à tous les assauts de la Raison.

Humiliée par la foi, déifiée par la libre-pensée, la raison reste ce qu'elle est : le gouvernail du navire, rien de plus. Cela suffit pour qu'il soit impossible de s'en passer.

C'est avec ce gouvernail que nous avons essayé de nous diriger.

ÉPILOGUE

La France, depuis des siècles, était la clarté du monde, et cette clarté menace de se ternir. Portés sur les ailes des Valkyries, les brouillards du Nord envahissent notre ciel, amenant les dieux scandinaves qui combattent les dieux de l'Olympe, pendant que des régions brûlantes accourent les divinités de l'Inde, aux bras multiples, aux trompes d'éléphants. L'Évangile sagement édulcoré par l'Église fait place à un Évangile étrange auquel les saints, s'ils revenaient au monde, ne comprendraient rien. Personne, d'ailleurs, ne le comprend ni ne se soucie de le comprendre ; comprendre est du dernier bourgeois, et le besoin de comprendre une sorte de vice dont on travaille à se défaire. On délaisse la foi, non pour la raison, mais pour la crédulité, le dogme pour le miracle, Notre-Dame-de-Paris pour Notre-Dame-de-Lourdes. Le spiritisme, l'ésotérisme ont des organes dont le nombre s'accroît chaque jour, sans compter l'amphigourisme qui a droit à tous nos respects.

Tout cela monte, monte, nous gagne et nous enveloppe de ténèbres.

Il me souvient du temps où l'Italie, comme le Phénix, renaissait à une nouvelle existence. La Ristori passionnait alors la jeunesse parisienne, dont j'étais ; je vois encore de quel geste superbe la grande tragédienne, vêtue en Muse, jetait sa lyre en s'écriant que l'Italie ne chanterait plus, tant qu'elle n'aurait pas reconquis sa liberté ! Et je me demande s'il est permis de se borner à faire vibrer des cordes sonores, quand la nuit menace de nous noyer dans ses ombres.

Camille Saint-Saëns

Certes, ma voix est bien peu de chose ; mais, si faible qu'elle soit, qui sait si elle n'éveillera pas une voix plus puissante ? Qui sait si la semence, emportée au hasard par le vent, n'ira pas germer au cœur d'un de ces jeunes hommes à la parole de flamme, dont la fonction est de propager les idées ? Si cela était, je m'estimerais trop heureux et mon ambition serait amplement satisfaite.

Ce qui sera, je vais vous le dire. On fera sentir à l'auteur, — qui le sait mieux que personne, — à quel point la compétence lui fait défaut pour traiter de si hautes questions. « De quoi se mêle-t-il ? » dira-t-on, « tout cela ne le regarde point ».

Je vous demande bien pardon : cela regarde tout le monde.

ISBN : 978-1530282142